UNE VOIX D'ALLEMAGNE

PRÉFACE DE

SIXTE-QUENIN

(DÉPUTÉ)

Prix : 15 centimes

SOCIÉTÉ MUTUELLE D'ÉDITION
SECRÉTARIAT — 118, AVENUE PARMENTIER
PARIS

Lorsqu'elles parurent dans l'*Humanité* ces lettres d'un ouvrier socialiste d'Allemagne à un ouvrier socialiste français, apportèrent à leurs lecteurs une véritable satisfaction, presque un soulagement. On n'était renseigné sur l'état de l'opinion politique en Allemagne que par les affirmations des journaux de France et les extraits qu'ils nous servaient des journaux allemands. Tous concordaient pour proclamer qu'il n'y avait qu'un bloc de tous les partis pour la guerre et qu'aucun Allemand n'était capable de réfléchir sur les événements et d'en tirer les leçons qui s'en dégagent.

Chez les internationalistes français les plus décidés, il y avait comme une espèce d'angoisse. Pendant de longues semaines, on était resté absolument sans nouvelles de l'Allemagne. On avait tout d'abord escompté une révolution, une protestation du peuple allemand contre l'aventure sanglante dans laquelle on l'entraînait. Rien n'était venu.

La presse bourgeoise française s'était déchaînée. Oubliant qu'elle avait, pendant de longues années, glorifié les socialistes allemands de leur patriotisme, de la résistance qu'ils avaient opposée à l'hervéisme, la presse bourgeoise française se mettait à les flétrir pour leur participation à la guerre.

Cette campagne n'était pas sans exercer une certaine influence sur l'esprit même de certains socialistes français. Ne voyant pas que lorsqu'il s'agit des Alsaciens-Lorrains, des Danois et des Polonais annexés, que l'on dit être les ennemis irréductibles de l'Allemagne, la presse française pèse ses mots et ses jugements; ne voyant pas que pas un journal français n'a reproché à ces annexés d'avoir servi dans les armées allemandes sans tenter le moindre mouvement de révolte et qu'au contraire, ces annexés ont été excusés d'avoir été entraînés dans le formidable engrenage du militarisme moderne, les socialistes français avaient porté des jugements catégoriques et généralisateurs sur les socialistes allemands.

Cette *Voix d'Allemagne* apporta aux uns une explication qui leur parut d'autant plus plausible que certains des faits affirmés pouvaient être authentifiés par comparaison. A tous elle apportait des renseignements précieux.

On savait enfin qu'il n'y avait pas, en Allemagne, cette chose monstrueuse, contre nature: une foule de travailleurs asservis, exploités, marchant à l'abattoir joyeusement, pour la plus grande gloire d'un criminel couronné. On savait que ce n'était que grâce à l'ingéniosité et à la complication des rouages de la machine militaire moderne que des travailleurs socialistes étaient devenus en compagnie d'Alsaciens-Lorrains et de Polonais, des soldats de Guillaume II.

Cela ne surprenait que ceux qui ne se sont jamais demandé comment les peuples d'Europe peuvent amener à se battre pour eux des Africains ou des Asiatiques qu'ils ont asservis. Cela surprenait moins ceux qui avaient lu dans les journaux nationalistes français que les soldats allemands sont enchaînés à leurs mitrailleuses et qu'à l'arrière du front, il y a des gendarmes nombreux et des conseils de guerre expéditifs.

Ce qui n'est pas dire qu'il faut désapprouver le jugement sévère porté, dans cette correspondance, sur les dirigeants de la Social-démocratie. Il apparaît, au contraire, comme inspiré par une appréciation saine des mobiles qui ont dû les guider. Bien entendu je ne me permettrai pas de douter que si les socialistes français se fussent trouvés dans une situation identique il serait passé sur eux la vague d'héroïsme qui a fait défaut à la Social-démocratie allemande.

Je pense pourtant que s'il est bon que, du sein de cette fraction de l'Internationale ouvrière, surgissent des forces de protestation contre la politique qu'on lui fait suivre depuis la guerre, les socialistes français auraient grandement tort d'escompter l'approbation perpétuelle des bourgeois, avec lesquels ils se rencontrent maintenant pour condamner les Sudekum, les Heine et autres Kolb. Je dis surtout qu'ils ne doivent rien faire pour continuer à mériter cette approbation, car cela pourrait les conduire à des exercices d'assouplissement fort difficiles à exécuter proprement.

Parce que après la guerre, lorsque les gens marcheront de nouveau sur leurs pieds, nous reverrons l'archevêque de Paris et l'archevêque de Cologne, aller pèleriner ensemble à Lourdes. Pour les journaux bourgeois, Liebknecht sera un abominable traître à sa patrie, en compagnie duquel nous n'aurons pas le droit de nous déshonorer.

Les confessions publiques que pratiquaient les premiers chrétiens avaient ce résultat excellent qu'elles obligeaient chaque auditeur à méditer sur ses propres actes. Socialistes français, lisons la Confession d'un socialiste d'Allemagne.

SIXTE-QUENIN

UNE VOIX D'ALLEMAGNE

PREMIÈRE LETTRE

... Vous me condamnez sans m'entendre, et avec moi toute une partie de l'Allemagne qui est hostile à la guerre. Reportez-vous à ce que disait le *Vorwœrts* vers la fin de juin : « Le problème autrichien devient menaçant pour la paix de l'Europe. Afin que ce danger ne se transforme pas en terrible réalité, travaillons de toutes nos forces à un rapprochement amical avec la France et l'Angleterre. »

Nous avions le sentiment qu'on nous poussait vers l'abîme. La situation économique était tendue. La bourgeoisie ayant bénévolement accepté la contribution de guerre, espérait que cela lui reviendrait sous forme de commandes en matériel militaire. Notre commerce et notre industrie étaient épuisés par une concurrence ardente. Il y avait eu surproduction. Des cartels de vente, des syndicats houillers et métallurgiques, entre autres le Rhénan Westphalien, allaient expirer, laissant aux industriels la terrible alternative d'augmenter leurs stocks ou de se dévorer entre eux.

Qui devait pâtir le premier de cet état de choses, sinon le peuple ? Ah ! sans que vous en ayez le soupçon, nous avons vu la révolution de près ! N'y avait-il pas eu déjà des émeutes à Hambourg ? On se battait avec la police à coups de cailloux. Car nous, Allemands, sommes irréductibles quand on nous attaque au ventre. Nous étions un parti alors. Nous avions des chefs. On parlait haut : nous nous sentions forts, nous étions le nombre. La misère allait nous unir, nous les humbles, alors que la crise économique divisait nos maîtres.

Hélas ! d'en haut on aperçut le danger.

La suprême habileté des gouvernements consiste à se garder de la force et de la fureur des masses en les épuisant par des guerres. Dans l'esprit des rois, empereurs, ministres et autres sires, la vie humaine ne vient qu'après l'intégrité de leurs privilèges. Toute puissance de classe ou d'individus aboutit à un égoïsme féroce. Elle entretient les haines de races pour contrebalancer les haines de castes. Diviser pour régner : cette vieille infamie sera toujours neuve en politique, parce que le jour où les peuples, déjouant cette manœuvre grossière, s'uniront pour la lutte commune, la société capitaliste aura vécu.

Depuis vingt ans on nous amusait avec ces mensonges. On nous opposait les ennemis d'Orient, ceux d'Occident. On nous flattait. Nous étions un grand peuple, le plus grand, le sublime. L'univers en était jaloux. Patience, disaient nos savants, nous allons à l'internationalisme... par la conquête. Tous les peuples sont frères, ils sont tous allemands. Ah ! ces discours ont retardé le socialisme d'un siècle... En-deçà des songes il y avait l'atroce réalité, c'est-à-dire l'exploitation forcenée du prolétariat par le capital ; un labeur ingrat, au bout la misère. Notre grandeur économique ! Notre étonnante prospérité ! J'en connais les dessous : ils sont hideux. Il faut avoir vu les faubourgs de Berlin, les villes industrielles de la Silésie, le bassin de la Sarre, pour imaginer les privations des familles à cinq ou six enfants.

Mais quand la crise économique survint, quand le monde gavé de nos produits les rebuta, quand des usines fermèrent faute de commandes, quand la pomme de terre devint plus rare au foyer du pauvre, alors les idées nouvelles firent des adeptes. Considérant avec inquiétude le flot montant du socialisme, un de nos tyrans cria : « Tout, plutôt qu'une crise industrielle. »

Je conclus. La guerre a été préparée, accomplie pour parer au conflit *mondial*, imminent, entre exploiteurs et exploités. Cela nous ne l'ignorons plus.

— Pourquoi n'en dites-vous rien ? allez-vous penser. Dit-on ce que l'on veut en France ? Peut-être ! Soit. En Allemagne, le socialisme est muselé. Certes, nous éprouvons le besoin d'une révolution purificatrice. Nous la souhaitons avec ardeur. Mais nous ne pouvons la faire, ni l'avancer. Oh ! cependant nous ne sommes pas des lâches — vous me concéderez bien que nous savons parfois nous battre ?

Nous sommes TERRORISÉS.

Nous n'avons plus de chefs, nous n'avons pas d'armes, et non plus d'organisation.

Nous n'avons plus de chefs. Quelques-uns nous ont trahis. Vils arrivistes : la faveur du kaiser les a grisés. Ils ont oublié la sainte cause du socialisme et leurs promesses ; ils ont déserté le camp qu'ils avaient choisi. Ceux-là nous les attendons aux élections prochaines. D'autres sont tués. Tous sont dispersés. Si parfois une voix timide s'élève, on l'isole : *Vox clamantis in deserto.*

Nous n'avons pas d'armes. Votre révolution de 1789 a pu se faire avec des piques. Mais Krupp n'était pas encore inventé, ni ses engins ; on se battait homme contre homme. Que pourrait maintenant une foule désarmée en face de nos monstres d'acier ? Mourir, sans doute.

II

Le conflit austro-serbe fut si soudain, que pas un de nous n'eut le temps de se faire une opinion ; nous fûmes livrés pieds et poings liés au journalisme.

Nous savions que l'alliance autrichienne était un boulet attaché à notre patte et, du reste, nous ne pouvions aimer un pays rétrograde, figé dans la bigoterie et la superstition. Cependant, comment les faits nous étaient-ils présentés ? Si peu de sympathie eussions-nous pour ce grand niais d'archiduc, il ne nous était pas possible d'approuver ses assassins. C'était un crime politique, certes ! Néanmoins, c'était un crime et, comme tel, comportant un châtiment. On l'attribuait au panslavisme, tendance aussi odieuse que le pangermanisme.

Dès ce moment, la presse s'attacha à nous démontrer le péril slave, c'est-à-dire la haine violente d'un gouvernement autocratique, qui rêvait aventures et conquêtes. Une ligue nationaliste s'était formée à Berlin, ayant pour mot d'ordre : « Gare au Cosaque ». La Serbie, disait-on, est l'avant-garde russe. Les Balkans inféodés au tsar rongent l'Autriche au seul profit de leur suzerain. Que prépare la Russie ? N'est-ce point notre asservissement ? Elle s'organise. Et l'industrie a conscience de cette préparation sournoise : les capitaux se dérobent, le commerce languit, les usines chôment, et la misère augmente.

D'où la nécessité de frapper un grand coup, tout de suite, pendant qu'il en est temps encore.

— Attendons, répliquaient les gens paisibles, nous répondrons si on nous attaque.

De la France, pas un mot.

L'Autriche remit une note à la Serbie, en la pressant de désavouer les auteurs du forfait et de livrer les complices à la justice. Un travail de diplomatie s'était accompli dans l'ombre. L'Autriche savait que la Russie prendrait à son compte les intérêts serbes : elle hésitait. — Tâtons la Russie, lui dit l'Allemagne, je t'appuierai.

Nous, les vulgaires, de qui l'on jouait l'existence, ne fûmes pas consultés.

Le plus difficile n'était pas de sacrifier le peuple, mais de faire consentir à la guerre la bourgeoisie commerciale et industrielle. Nos économistes s'en chargèrent ; ils firent merveille. Le sol de l'Allemagne est petit pour sa population, dirent-ils. Il faut à nos produits des débouchés certains. La crise économique actuelle nous ruine. Seule une guerre victorieuse nous rendra notre prospérité en nous donnant des ports et des colonies.

On disait au peuple :

— Soyons calme. L'Allemagne est grande et forte ; elle veut la paix, mais elle saura se défendre. L'empereur est ami de la paix ; il en a donné des preuves ; faites-lui confiance.

Le Parti socialiste était alors travaillé par des individus sortis je ne sais d'où, et dont il ne nous fut pas possible d'abord de comprendre le rôle. Parlait-on de la schlague, ils nous opposaient le knout ; de l'exploitation prolétarienne, ils nous objectaient le servage russe ; de la tutelle impérialiste, ils nous citaient l'oppression tsariste, et que sais-je, l'inquisition policière, la déportation, la terreur, la sujétion de la presse.

Ils nous représentaient comme le pire des maux la domination slave. Certes, ils avaient raison, mais leur but était bel et bien de nous égarer.

Or, ainsi qu'il avait été prévu dans les hautes sphères, le tsar se mit devant les Serbes.

Il ne vint pas à l'idée d'un seul d'entre nous que nous pouvions nous désintéresser du sort autrichien. Cela il faut le répéter, c'est du plus haut intérêt.

D'où sortit la provocation ?... Quelqu'un dit : « Lâchons l'Autriche ! »

Paroles malheureuses ! Le Parti socialiste fut alors couvert d'opprobre. Ne pouvant se justifier qu'en faisant preuve de sentiment patriotique, il s'épuisa en vains efforts pour rejeter le soupçon flétrissant, sans compromettre son désir de la paix. Il discuta à côté de la question. On lui fit perdre de vue qu'il ne s'agissait pas de savoir si l'Allemagne devait ou non se ranger aux côtés de l'Autriche, mais bien s'il était ou non possible d'éviter le conflit. Chaque matin, la presse réactionnaire accablait d'outrages ceux qui voulaient la paix. Nous laisserons, disait-elle, la Russie avaler l'Autriche, et huit jours après elle sera aux portes de Berlin. Politique de lâches et qui mérite le mépris. Allemands ! tous contre le Slave où nous sommes perdus ! Vils socialistes qui méditez de trahir, puissiez-vous un jour éprouver la douceur du knout et la clémence du climat sibérien !

Un meeting eut lieu où quelques socialistes tentèrent vainement d'expliquer qu'ils étaient prêts à marcher contre les soldats du tsar, mais seulement s'il y avait provocation. Des individus avaient envahi la salle et criaient : « Trahison ! trahison ! trahison ! ». La réunion dégénéra en tumulte, puis en bagarre. La police dut intervenir, des arrestations furent opérées. L'un des orateurs fut condamné pour attentat à la paix publique.

C'était le commencement de la terreur.

Le même jour, des affiches étaient placées : « La Russie arme, qu'attendons-nous ? » lisait-on. Et le lendemain : « Nos frontières sont menacées, nous attendons toujours. » Puis : « Le Cosaque a la lance au poing et nous hésitons. »

Alors tous, tous, nous fûmes saisis de vertige. L'annonce, si souvent répétée du péril, nous y fit croire. Où était donc la vérité ? Il nous eût fallu des chefs ardents, audacieux, sincères et clairvoyants. Il eût fallu que, matin et soir, on nous répétât que le gouvernement nous trompait, qu'il n'y avait pas de danger russe, qu'il n'y avait qu'un danger capitaliste, que le patriotisme du pauvre est une monstrueuse aberration, que la guerre ne pouvait point profiter à la classe ouvrière, que nul avantage ne saurait compenser le risque de perdre la vie et qu'on nous conduisait au carnage pour mieux nous asservir.

III

Je ne sais qui paya la presse, de la haute bourgeoisie ou du gouvernement : sans doute, l'un et l'autre. Ce qu'il y a de certain, c'est que l'opinion fut préparée de façon savante à accueillir la guerre comme la seule solution possible. Le mou-

vement économique s'arrêtant, des individus allèrent parmi
le peuple, disant : « Il faut en finir une bonne fois avec ces
transes et ces angoisses. Le commerce va mal, la misère nous
guette ; s'il faut nous battre que ce soit tout de suite. » Le
peuple acquiesçait.

Cependant, des esprits inquiets pensaient : La Russie, bon ;
mais la France !

— La France est notre amie, répondait-on. Nous ne lui
voulons pas de mal et ne lui en ferons que si elle nous
attaque.

Ah ! nous savions bien que la France irait aux côtés de
son alliée. Et c'est ce qui permettait à nos adversairse de
nous accabler. Mensonge, votre socialisme, nous disaient-ils,
puisqu'il aboutit à une politique agressive !

L'Allemagne déclara la guerre à la Russie après avoir
décrété l'état de siège. Alors tout vestige de liberté fut
anéanti. Défense au peuple de s'assembler, de s'unir, de se
concerter. Défense de publier toute nouvelle, vraie ou fausse,
sans la soumettre au contrôle de l'autorité militaire. Et le
militarisme nous inondait de sa prose insipide pour nous
persuader que nous défendions une juste cause : la cause
sacrée du patriotisme, la cause de la science, de la vertu,
de la civilisation. Nuit et jour cette littérature nous poursuivait,
nous submergeait. Jaurès, le chef du socialisme français, était
assassiné et des commentaires sans fin nous représentaient le
Parti agonisant, le triomphe de la réaction, une belliqueuse
folie dressant la république contre notre empire.

Cependant, la diplomatie tentait, disait-on, un dernier effort
pour offrir à la France la paix et notre amitié. Elle n'en
voulut pas.

— Voyez, cria le militarisme, satisfait ; faites désormais
état des promesses pacifistes. Ah ! heureusement que nous
avons nos bons canons, nos beaux navires, notre discipline et
de sages gouvernants. On nous attaque, mais nous pouvons
répondre.

Stupéfiante nouvelle ! On nous apprit que la France avait
commencé les hostilités traîtreusement, sans déclaration de
guerre. Un aéroplane français, venant de Belgique, survolant
l'Allemagne, avait lancé des bombes.

Alors, commença une campagne furieuses d'invectives contre
la France. Les journaux clamaient : « Que fait donc ici
l'ambassadeur français ? Il espionne, peut-être ? Et qu'attend
l'empereur pour le renvoyer ? »

Dans la nuit du 2 août, des maisons de modes parisiennes et
même des établissements allemands, dont la raison sociale
avait une consonance française, furent saccagés. Mais il
paraît que cette sauvagerie ne nous fut point particulière.

Comme dans tous les pays, la presse réactionnaire fit com-
mettre des infamies. Les gens sérieux gardent de ces journées
un horrible souvenir. Ouvertement, les partis pangermaniste,
militariste et catholique provoquaient le pillage en excitant

le peuple par d'odieux mensonges.

Le gouvernement s'était servi de la menace russe pour mobiliser. Une fois armé, il se retourna contre la France. L socialisme l'avait prévu, mais n'eut pu l'empêcher. Une fois l'état de guerre proclamé, toute résistance était inutile.

L'habileté du gouvernement consista surtout à nous faire croire que nous n'allions faire qu'une guerre défensive. Nous le croyons encore. Voulez-vous lire les journaux de l'époque ? 40 millions de Français pensent que l'Allemagne attaqua la France. Mais 65 millions d'Allemands disent le contraire. Voyez les neutres. La même controverse se retrouve. Et ce n'est pas notre génération qui saura la vérité : c'est à l'Histoire d'éclaircir le mystère. Cependant, nous soupçonnons que si nos dirigeants n'ont point déchaîné la tourmente, ils n'ont rien fait pour la détourner. Le peuple, qui dans toutes les nations, sous tous les régimes, est toujours le peuple, c'est-à-dire l'infortuné, la bête de somme, la machine à produire, ce peuple commence à se demander si le gouvernement qui accepte la guerre n'est pas aussi coupable que celui qui la déclare. En fin de compte, que gagne le peuple à une guerre victorieuse ? Rien. Qu'importe à l'ouvrier, au paysan, d'être Prussien ou Russe ? Il cultive une terre qui n'est pas à lui ; il enrichit un patron qui le méprise. De sa misère naît le bien-être des autres.

Ignorez-vous comment nous fut présenté l'envahissement de la Belgique ? On nous amena, vers le 4 août, des blessés allemands et des prisonniers français, qui provenaient, les uns et les autres, de la frontière germano-belge. Comment ! Les Français se concentraient donc en Belgique ? Nous n'avons pas encore éclairci le mystère. En des articles véhéments, la *Gazette de Cologne* démontra la nécessité d'agir vigoureusement contre cette perfide Belgique. Il s'ensuivit que, grâce ses mensonges, ce journal doubla son tirage.

La guerre déclarée à la France, plus rien ne filtra du dehors. L'Allemagne en entier fut soumise au régime de l réclusion, et ne put se former une opinion que d'après les déclarations officielles.

Or, les déclarations officielles rapportaient que nous étions déloyalement attaqués de deux côtés à la fois, que nos ennemis s'étaient préparés sournoisement, que la France, depuis longtemps, pensait à la guerre, qu'elle venait de voter une prolongation du service militaire et des crédits exceptionnels, qu'elle n'avait pas oublié Sedan, qu'elle voulait une revanche, qu'on inculquait aux enfants la haine de l'Allemagne, qu'elle suivait une politique de duperie et qu'elle se servait de ses socialistes pour nous tromper.

Doutions-nous ? On nous soumettait le compte rendu de la séance parlementaire du 4 août, où la France applaudissait à l'ouverture des hostilités. Puis, l'on faisait défiler sous nos yeux des séries d'articles, dans lesquels la presse française réclamait l'écrasement de l'Allemagne.

— Ah ! vos journaux nationalistes vous ont fait bien du mal. Alors que le bas peuple n'était pas convaincu de la nécessité du conflit, alors que les organisations syndicales étaient lasses de la politique impérialiste, alors que la partie pacifiste de la bourgeoisie se demandait si une république ne serait point profitable à ses intérêts, voilà que vos réactionnaires nous accablent de sottes injures. Ils peuvent se flatter que leurs ignobles calomnies ont réalisé contre la France notre unité nationale. Quoi ! sans provocation, on parlait de nous exterminer, nous qui ne pouvions que suivre les lois de notre pays. 65 millions d'Allemands, d'hommes enfin, seraient sacrifiés parce que quelques milliers d'imbéciles les gouvernaient ? Le peuple ne pouvait savoir que les réactionnaires n'étaient ni les plus généreux, ni les plus intelligents parmi les Français ; il ne pouvait deviner que dans toutes les nations il y a une lie, dont le rôle consiste à exciter des haines, à diviser, à calomnier, à fomenter le désordre.

IV

Cependant, la mobilisation ne s'accomplissait pas sans à-coups. Dans les villes, on soulevait la population ouvrière sans trop de difficulté, par l'enthousiasme. Mais dans les campagnes, le paysan était rebelle à la serinette patriotique. Il défendait avec acharnement le seul bien dont il pût se croire légitime propriétaire : sa vie. Aussi abandonna-t-il la chaumière et les champs qui n'étaient pas à lui pour se réfugier dans les forêts. On l'y suivit, du reste. Il fallut presque la moitié de l'armée pour mobiliser l'autre.

L'empereur félicitait les populations rurales de leur patriotisme : la presse exaltait le calme et la dignité de la foule ; l'état-major répétait qu'il n'y avait pas de défaillance, mais parfois, dans des journaux, d'humbles entrefilets annonçaient que les insoumis seraient amnistiés s'ils se présentaient avant telle date.

— Tiens, pensaient des simplistes, j'imaginais qu'il n'y avait pas d'insoumis.

Le mal était si grand qu'on ne put y remédier que par la clémence. Il fallut un décret spécial contre les mutilés volontaires. Des gens agonisaient, qui se portaient bien la veille et se faisaient administrer l'extrême-onction pour obtenir un sursis d'appel. Des paysans arrivèrent à la caserne avec sept ou huit enfants, qu'ils voulaient confier à la charité de l'administration militaire : on leur répondait par un sursis ou un changement d'affectation jusqu'au jour où l'on s'aperçut qu'il y avait des fraudes.

La levée en masse fut présentée sous un jour démocratique, tel un poison mêlé au sirop. Personne ne s'y trompa et peu se rendirent à l'armée avec le désir véritable de servir la patrie.

On reproche à l'Allemagne de s'être préparée à la guerre longtemps à l'avance. C'est possible, en fait de matériel. Quant au peuple, jamais il n'avait si bien compris les douceurs de la paix et les officiers conduisirent les hommes au combat avec la crainte qu'ils ne se rendissent à la première occasion.

On avait, du reste, soigneusement sélectionné les troupes par région et par opinion. Le prolétariat des villes, hostile aux guerres d'agression et soupçonné de sympathie pour la France, fut envoyé contre la Russie, où l'on prévoyait surtout une campagne de défensive. Nos socialistes s'y battirent vaillamment, ce qui faisait dire à un journaliste : « La crainte du knout est le commencement du patriotisme. »

Sur la frontière d'Occident, on mit les catholiques bavarois, les brutes religieuses et les fanatiques du militarisme, tout ce qui, du peuple, était plus particulièrement ignorant et stupide. L'Église, aussi bien romaine que protestante, prêchait contre l'impudique Babylone une sorte de croisade. On envoyait des demi-bêtes combattre l'impiété en leur promettant le ciel. Ils étaient bien dignes des atrocités qu'ils commirent. J'insiste sur ce fait : La sauvagerie qu'on a reprochée aux armées allemandes, loin d'être l'œuvre de criminels tirés spécialement des prisons, est imputable aux seules populations catholiques fanatisées par les doctrines de haine et d'intolérance qui leur sont propres.

Du reste, la guerre actuelle aura mis en évidence cette vérité que la bête humaine est d'autant plus féroce qu'elle est infectée par l'idée de religion. Nos soldats le savent si bien, que, quand ils se rendent — cela leur arrive quelquefois — ils ne font pas appel au sentiment de fraternité chrétienne, mais bien aux sentiments de justice et de générosité dont les nations républicaines ont le privilège.

Le Parti socialiste politique ne savait encore quelle attitude prendre à l'égard des événements de Belgique quand, tout à coup, on nous apprit la terrible nouvelle : l'Angleterre nous avait déclaré la guerre. Le gouvernement vécut là quelques heures de désarroi, qui eussent pu être mises à profit par nos chefs, si déjà ils ne nous eussent trahis. Pourquoi ce nouvel ennemi ? pensait le peuple, anxieux. Nous ne savions pas. Notre cause était-elle donc injuste ? Nous aimions le socialisme français, mais toute notre admiration allait au prolétariat britannique, si grand, si puissant, hardi et tenace. Celui-là aussi serait notre adversaire ? Oh ! l'empire, alors, est bien coupable !

Mais voilà qu'on nous submerge des témoignages de sympathie donnés par des neutres. On nous démontre que le parti socialiste anglais, dont nous redoutions tant l'improbation, censurait son gouvernement ; qu'une odieuse coalition avait été machinée contre nous : qu'on en voulait à la grandeur économique de l'Allemagne ; que notre nation était attaquée dans son prolétariat même, puisqu'on voulait anéantir son industrie. Hélas ! on avait trop de preuves à nous donner, puisque chaque matin votre presse réactionnaire demandait l'écrasement de la Germanie. Et il y avait une sorte de grandeur à être seul contre l'Europe coalisée. L'enthousiasme nou saisit. On voulait notre mort : nous allions mourir en héros. Ce fut une question de dignité de ne point créer le trouble en face de la patrie en danger. Notre obstruction, devant un si grand péril, eut pu passer pour de la lâcheté.

Il y eut aussi peut-être une part de fatalisme : car sommes nous bien sûrs de régenter nos destinées nationales ?

Ce fut pendant cet élan patriotique que le Reichstag vota la concorde nationale. Etrange erreur ! Peut-il y avoir entente et sympathie entre exploiteurs et exploités, entre l'esclave et le maître, entre le voleur et sa dupe ? Commandez plutôt au forçat d'aimer son garde-chiourme !

La réconciliation des partis s'opéra sans consultation préalable du peuple. Il n'en eut pas les avantages, il en fut la victime. Ce fut la réconciliation de ses persécuteurs : telle, autour d'un os, l'union de deux chiens pour repousser un troisième convive. Si le peuple ne le comprit pas tout de suite, il ne fut pas long à s'apercevoir que son fardeau s'était alourdi et que, dans leur concorde, les politiciens s'étaient surtout fortifiés contre lui.

Prières, exhortations, promesses, menaces, mensonges, nos dirigeants n'omirent rien pour nous conduire à la lutte fratricide. Qu'allaient faire les deux peuples en présence ? Grave question ! S'ils se tendaient les bras pour se retourner, unis, contre leur ennemie commune et s'en délivrer pour toujours ! D'indignes manœuvres furent entreprises afin de conjurer le péril. On nous insuffla la haine, on nous en nourrit. D'atroces calomnies furent répandues. « Les Français, nous disait-on, ne font pas de prisonniers. De deux morts, choisissez la plus courageuse. » Parfois on nous prenait par l'amour-propre. On nous lisait des extraits de journaux français qui nous mettaient en fureur.

En vérité, la presse parisienne était maladroite. Pourquoi écriviez-vous que nous fuyions comme des lapins ? Ou qu'il suffisait d'une tartine de pâté de foie pour acheter notre défection ? De pareils propos eussent exaspéré plus pacifistes que nous ! Certes, nos journalistes ripostaient par de semblables infamies ; mais, à défaut de respect humain, il eut suffi d'un peu de bon sens pour comprendre que de ces procédés l'ennemi seul tirait profit.

La presse mit également sous nos yeux les télégrammes échangés entre Guillaume et Nicolas. Rien de moins concluant. Mais ce qu'il y avait d'ignoble, c'est la façon dont les deux souverains disposaient de leurs peuples. Ils parlaient d'eux comme doivent parler de leurs coqs deux lords anglais avant de les faire battre. Le pouvoir, vu de cette face, a quelque chose de révoltant. Qu'est-ce donc, l'humanité ? Et qui donc est le coupable de l'être qui décide de la vie des autres ou de ceux-là qui lui permettent un si monstrueux privilège ?

V

L'enthousiasme, feu passager, menaçant de s'éteindre, il lui fut substitué l'ivresse de la victoire. Ah ! nos journaux d'alors n'eurent pas grands frais de composition. Des titres d'un quart de page nous annonçaient la chute de Namur, celle de Liège la conquête de la Belgique, la victoire de Charleroi, la retraite précipitée de l'armée française, notre marche triomphale sur Paris.

Vinrent les premiers blessés, les premiers prisonniers.

Sous la vulgaire influence de la peur, l'Allemagne s'était alors transformée en un gigantesque hôpital. Jamais on n'avait vu pareille explosion de dévouement, d'abnégation, de générosités. Aussi les mutilés glorieux furent-ils soignés, choyés, fêtés en héros. De belles jeunes dames, déguisées en infirmières, voltigeaient entre les lits d'hôpital et se dépensaient en pitié, plus qu'elles ne l'avaient fait et ne le referont de leur vie. Tout château avait son ambulance. Mais cela dura huit jours. On s'aperçut que le blessé était encombrant, que, flatté, il devenait exigeant, qu'il était sale et sentait mauvais. Et puis, on en voyait tant que ça finissait pas lasser. *Sic transit gloria mundi.* Le soldat allemand, cet humble qui, naïvement, s'était laissé prendre à la griserie patriotique et au sourire des baronnes, déchanta. Ah ! qu'il serait curieux de connaître les pensées des moribonds ramassés sur le champ de bataille au soir d'une tuerie ! La patrie vous demande le sacrifice de votre vie. Rien que ça !

Je le répète : les premiers blessés furent bien accueillis, ne fû-ce que par curiosité. Mais, après la campagne de Belgique, après le heurt sanglant de la Marne, il y en eut trop et il se passa des choses abominables. Dès qu'il y eut menace d'épidémie, devant la gangrène, devant le tétanos, devant les plaies horribles que faisaient les obus du « 75 », les infirmières improvisées furent terrifiées. Le personnel médical était insuffisant. Les médecins pratiquaient les opérations avec une hâte funeste au patient.

Là-dessus, la presse jetait le grand voile du silence.

Cependant le public apprenait par bribes l'atroce vérité. Les rescapés, malgré toutes les précautions, rapportaient au dehors des témoignages irréfutables. Parfois, une coupure d'un journal étranger circulait, semant l'épouvante et créant des légendes. La vision des charniers hantait les esprits : l'incinération des morts, les cadavres en putréfaction, les demi-morts oubliés et leur longue agonie, le regard fou des survivants.

Ah ! notre génération n'oubliera rien de cela ! J'accuse le gouvernement d'avoir donné des ordres pour que les grands blessés, coûteux et gênants, fussent supprimés. Mais, il n'a point commis de crimes assez honteux. Car il faut que les peuples gardent de cette guerre un souvenir exécrable, un souvenir assez puissant pour leur donner la force de s'opposer désormais à n'importe quelle guerre. Il faut que les peuples se débarrassent définitivement de cette bourgeoisie égoïste et féroce, qui édifie sa fortune sur notre misère et notre sang.

Les blessés furent le premier élément de la démoralisation. Une vague frayeur prenait les plus courageux et l'autorité

militaire ne savait pas nous rassurer. Elle parlait, il est vrai,
de victoires, mais elle disait que les Français se battaient
comme des bêtes. Ah! nous l'a-t-on rabâchée, cette musique!
La presse nationaliste ne savait de quelles injures nouvelles
accabler l'ennemi. On nous exhibait les balles dum-dum trou-
vées dans les plaies de nos hommes, puis des baïonnettes à
hameçon, ou des fléchettes empoisonnées. Une armée de sau-
vages se battait contre nous : des nègres cannibales, des
Peaux-Rouges cruels, les Polynésiens, les Canadiens, les Aus-
traliens, les Canaques, les Cosaques et qui encore ? Les officiers certifiaient à leurs soldats que, pris vivants, ils seraient
torturés, que blessés, on les achèverait, qu'ils n'avaient à
attendre aucune pitié et que le plus sûr était de mourir brave-
ment.

Mais les malheureux, que l'on réconfortait de si étrange
façon, ne sentaient nul empressement à courir au-devant d'un
péril si certain. Et les chefs se rendaient compte de cette
froideur patriotique.

— Vous n'irez pas au feu, disaient-ils aux troupes.

Un matin, on leur distribuait des cartouches, les vivres de
réserve, on leur faisait un petit discours approprié, et en
route !... Pour aller où ? Quelque part. En une ville conquise
afin de la garder ou défiler devant l'empereur. On les embar-
quait ; elles voyageaient le reste du jour, la nuit et le matin
on les faisait descendre en silence.

Le canon tonnait tout près.

Et c'est avec ce mensonge infâme qu'on les envoyait à la
mort.

Peu après, un convoi nocturne ramenait subrepticement ce
qui restait de ces hommes partis beaux, jeunes, robustes et
forts. Et dans quel état ! Des épouses prenaient le deuil, quelques mères éplorées, des orphelins, et tout était dit.

Ah! bon Dieu! que je le hais ce militarisme ignoble et criminel.

D'abord le désir de vengeance qui saisit ces victimes se
trompa d'objet. Ce fut quand on nous amena des prisonniers
pour la première fois. — Ah! les voilà, les assassins de nos
maris, de nos fils, de nos frères ! Et la foule s'en allait au-
devant du cortège pour l'insulter. Les nègres surtout, avec
leurs gros yeux ronds et stupides, avaient le don d'exaspérer
les mégères. Puis on les regarda avec curiosité. Tiens, des
Français, c'est donc fait comme nous ! La pitié s'en mêla.

Le peuple est bon. Lui qui souffre comprend toutes les souf-
frances, sympathise avec toutes les infortunes. Il ne fut pas
long à s'apercevoir qu'il avait de nombreux liens de parenté
avec ces prisonniers pauvres et abandonnés. De pâles figures
d'adolescents excitaient la compassion des mères. — A quoi
rêve celui-là ? pensait une fiancée. — Ah! le malheureux
songe à ses enfants, disait quelqu'un devant un autre qui
pleurait.

On leur adressait des paroles d'encouragement que parfois

ils prenaient pour des injures : on s'en allait alors tristement
avec le regret de n'avoir pu se faire comprendre.

La presse nationaliste, catholique et pangermaniste fulmi-
nait. — Tas de brutes, criait-elle, vous fêtez ceux-ci pendant
que les vôtres là-bas crèvent de misère et de mauvais traite-
ments.

— Qu'importe, disait le peuple dans son entêtement généreux : la barbarie d'un ennemi ne peut justifier la nôtre.

L'autorité militaire eut un jour la singulière idée de fermer
les camps et d'exiger une redevance des visiteurs. Les prisonniers purent alors faire la comparaison entre les deux publics :
la classe ouvrière humble et compatissante, la bourgeoisie
froide, dure, hautaine et railleuse. Mais le scandale dut cesser
par ordre du ministre des affaires étrangères.

VI

Il est certain que la social-démocratie ne saurait échapper
à quelques reproches. Toutefois, si l'on veut reconnaître
qu'elle eût préféré mourir plutôt que se battre contre la
France et l'Angleterre, qu'elle s'est dressée contre le panslavisme seulement, qu'elle n'a point connu les manœuvres diplo-
matiques d'avant la guerre, qu'actuellement elle ne sait rien
encore, sinon ce que la presse gouvernementale lui apprend,
si l'on veut admettre tout cela, son égarement ne s'explique-
t-il pas un peu ?

Sa grande erreur est d'avoir suivi des politiciens.

Du reste, ne l'eût-on pas trompée, elle n'eût pu se per-
mettre qu'une révolte absolument théorique, vouée d'avance à
la stérilité. Je vois toujours cette immense difficulté : les
armes ! Que peuvent cinq millions de socialistes, mettons-en
dix, vingt, quarante, le peuple tout entier, contre la bourgeoisie ?

Lisez l'histoire. Les bourgeoisies ont vaincu la noblesse,
parce que, par un travail séculaire, elles s'étaient approprié
les moyens du gouvernement, c'est-à-dire l'argent, le commerce, l'industrie, les fonctions administratives, enfin tout
Mais le peuple n'a que le nombre, et jamais il n'a réussi rien
qui lui soit profitable de façon définitive.

Imaginez 40 millions d'Allemands ouvertement en révolte
sans armes, sans vivres, sans direction, privés des moyens de
communications et de renseignements, obligés de réorganiser
l'Etat, contraints à tirer tout de leur propre fond !

N'est-ce pas enfantin ?

S'ensuit-il que l'on ne puisse pas compter sur lui ? Non
certes.

Le peuple allemand est las du régime militaire et de ses
maux. Il souffre, il apprend à haïr ses maîtres. Au moment
propice, il saura se venger. Et ce moment approche. Et plus
la guerre durera, plus son triomphe sera rapide. Car la guerre
qui le décime, use son ennemi : le bourgeois. La guerre est
en somme, sa bienfaitrice, car une révolution lui eût peut-
être coûté plus de vies humaines et eût pu ne pas réussir

Si la guerre se prolonge encore un an, si nous avons le bonheur d'être vaincus, je crois que la bourgeoisie, le pangermanisme et toute la clique, qui vit de l'industrie belliqueuse seront appelés à rendre des comptes.

L'effort bourgeois tend actuellement à retarder cette échéance. Les procédés sont bien mesquins : quelques promesses et le récit des atrocités commises par nos ennemis. Ne souriez pas. On nous dit, à nous, Allemands, exactement la même chose qu'à vous, Français. Nous avons notre livre rouge national et nous nous croyons vos débiteurs en cruautés. Il n'est pas de semaines que les journaux n'annoncent que vos aviateurs ont bombardé des villes sans défense et tué des enfants. Au contraire, quand nos zeppelins vous rendent visite, c'est sûrement dans un but stratégique, pour détruire une gare, un arsenal, une usine, etc. Mais les personnes intelligentes n'en sont plus la dupe.

Ceux qui sont renseignés, savent que les Allemands ont commis leur bonne part de crimes. Cependant, qu'est-ce que cela prouve, sinon que la guerre est une horrible chose ? Tuer un vieillard, une femme, est-il plus odieux que tuer un jeune soldat plein de vigueur ? Anéantir une cathédrale, est-ce plus infâme que détruire la chaumière du pauvre ? Allons donc ! La guerre, par elle-même, inspire assez de dégoût pour qu'on l'exècre déjà, sans s'appuyer sur les horreurs qu'elle provoque.

Le vrai crime de l'Allemagne est non pas d'avoir envahi la Belgique, incendié des villes, systématisé le pillage, violé des filles, mutilé des enfants, *mais d'avoir déclaré la guerre*.

Un vieux dicton latin dit que Jupiter rend fous ceux qu'il veut perdre. Sans insister sur la monumentale bêtise qu'a faite le parti militariste, *contre la volonté de l'empereur*, en cherchant querelle à plus fort que lui, on se rend compte que le peuple allemand se trouve actuellement dans les conditions du peuple français il y a quarante-quatre ans. Pas mal de misère, un régime hors d'usage à remplacer, puis en face les grandes espérances de la démocratie.

Ce sentiment est-il bien celui de toute l'Allemagne ? Non. Beaucoup ne se rendent pas compte exactement de quel côté est l'avenir. Les niaiseries patriotiques leur cachent que l'intérêt universel doit passer avant l'intérêt national, que les formes archaïques de gouvernement doivent disparaître, en coûtât-il d'énormes sacrifices aux nations, que les démarcations territoriales sont sans importance, que la grandeur d'un pays ne consiste pas à occuper plus ou moins de terrain et que ce qui compte seulement c'est la marche en avant de l'humanité.

La social-démocratie s'est actuellement scindée en deux tendances, toutes deux erronées. L'une, la majorité, est intransigeante, elle fulmine contre le principe de la guerre et veut la paix, n'importe laquelle. L'autre, plus pratique, cherche à profiter des embarras de l'empire pour lui arracher des concessions. Toutes deux ont tort, en ceci : si l'Empire est vainqueur, rien ne sera résolu pour les premiers, quant aux autres, on leur reprendra ce qu'ils auront obtenu.

La seule besogne qui puisse être véritablement profitable serait un travail continu de démoralisation e. de désorganisation sociale. Les événements, du reste, s'en chargent.

Il est peu probable que la disette de vivres ou de munitions oblige matériellement l'Allemagne à demander la paix. Mais il y a cela : l'intense production de notre empire se maintenait grâce aux facilités d'exportation qui, actuellement, sont suspendues. La plus grande partie des usines sont fermées. Le nombre des chômeurs est immense. D'un autre côté, le sol allemand ne nourrit pas sa population : le déficit est de plus d'un tiers. Or, l'importation est des plus difficiles, sinon totalement arrêtée. L'augmentation du prix des vivres va donc, parallèlement avec l'accroissement de la misère. Que va-t-il en advenir ? Tout l'équilibre social est rompu. Certes, le peuple a de grandes capacités de résignation et de lâcheté, mais il y a une limite.

On ne peut plus tergiverser. La situation n'a d'autres issues qu'une République, en attendant mieux. La République est, actuellement, désirée par les trois quarts des Allemands, ceci est indéniable. La finance, la moyenne industrie, le commerce, ne peuvent vraiment prospérer qu'en temps de paix et la République est une garantie de la paix. D'autre part, la haute bourgeoisie et la noblesse ont trouvé de fort mauvais goût l'impôt excessif, dit contribution de guerre, qu'ils ont dû accepter. Quel que soit leur penchant pour le régime impérialiste, ils ne peuvent s'empêcher de le trouver fort onéreux.

Quant au peuple, nul doute sur ses sentiments, il est tout acquis aux douceurs de la liberté.

Il y aura peut-être opposition des catholiques, imbéciles et rétrogrades, mais ils sont minorité, et la guerre, qu'ils ont prêchée, encensée et glorifiée, va porter une mortelle atteinte à leur crédit.

Que pourrait être une République allemande ? La simple copie des républiques américaines : les Allemands savent si bien s'y adapter ! La République est le seul régime qui puisse convenir aux Allemands, car quoi qu'on en dise, le Germain n'est pas fait pour la guerre : il aime trop le bien-être.

Faites pénétrer l'aisance dans la masse, vous n'aurez plus de guerres de conquêtes, car les nations, comme les individus, n'escaladent l'enclos du voisin que pour aller voler ce qui leur manque.

Puisse cette guerre démontrer aux esprits généreux que tout le secret de la paix, d'une paix éternelle, réside dans l'avènement de la démocratie.

Extrait des Hontes de la Guerre.

Pour paraître prochainement

LES HONTES DE LA GUERRE

PAR

LONGIN

Imp. de la Société
118, av. Parmentier
Paris.